ANAGAMI

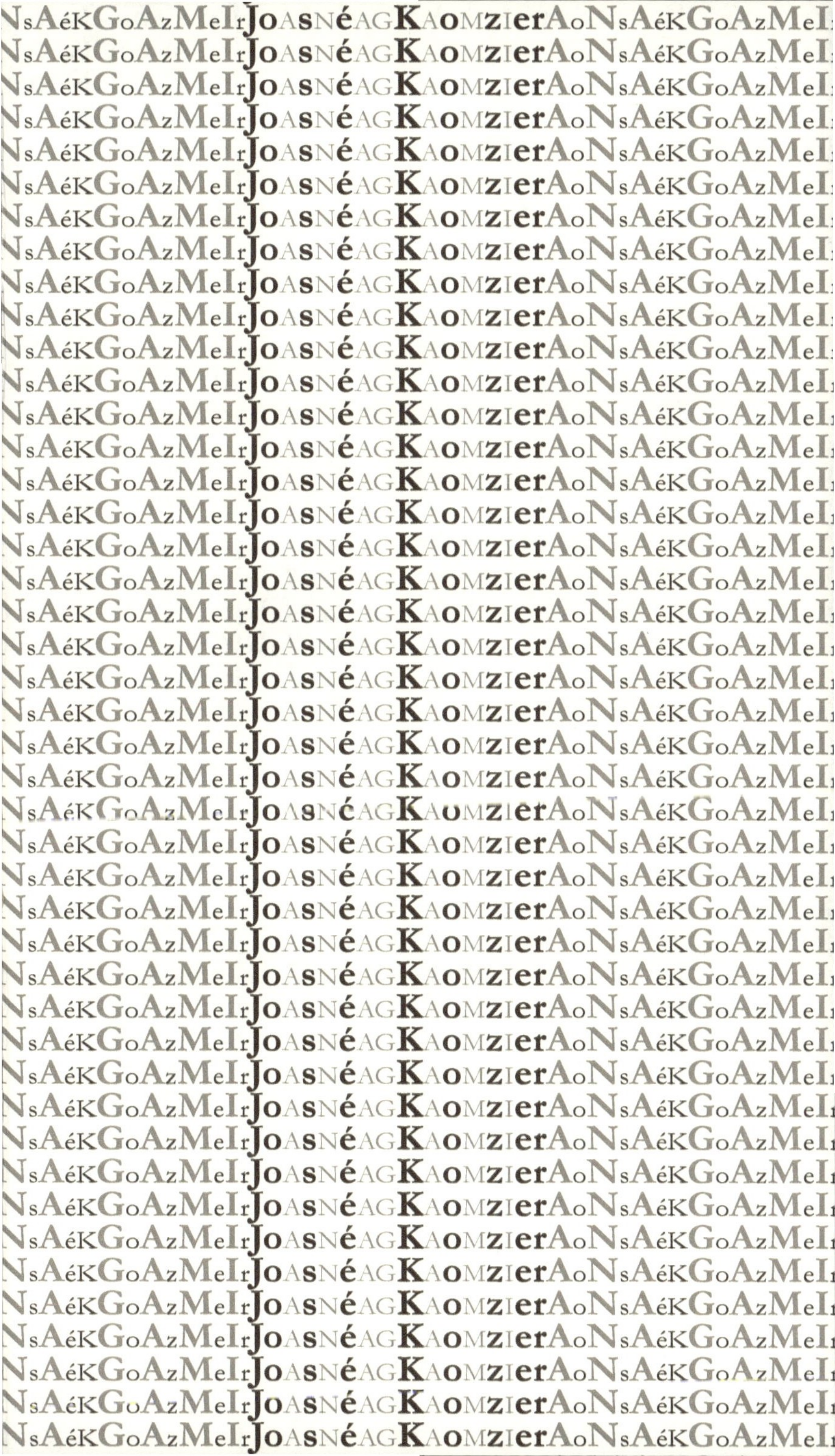

ANAGAMI

José Kozer

Zompopos
El libro es un Zompopo

ANAGAMI
Copyright © José Kozer, 2017

© D.R. El libro es un Zompopo
 Élitro Editorial del Proyecto Zompopos
 http://editorialzompopos.blogspot.com/
 E-mail: AlaEditorial@zompopos.org

Imagen de portada: pintura sin título
 D.R. © Mía Montás Antigua, 2013

Todos los derechos reservados.
No se permite la reproducción total o parcial, en ningún medio o formato, ya sea electrónico o mecánico, incluyendo fotocopias, grabaciones, o por parte de cualquier sistema de almacenamiento y recuperación de datos —exceptuando a reseñantes y críticos quienes podrán citar breves pasajes para reseñas en revistas o periódicos— sin la autorización previa y por escrito del titular del copyright. Se ruega no participar ni fomentar la piratería de material bajo copyright en violación de los derechos de autoría. Comprar solamente ediciones autorizadas.

All rights reserved.
No part of this book may be reproduced or transmitted in any form or by any means, electronic or mechanical, including photocopying, recording, or by an information storage and retrieval system —except by a reviewer who may quote brief passages in a review to be printed in a magazine or newspaper— without permission in writing from the holder of the copyright. Please do not participate in or encourage piracy of copyright materials in violation of the author's rights. Purchase only authorized editions.

ISBN 10: 0-9788597-5-8
ISBN 13: 978-0-9788597-5-6

Hecho e impreso en EE.UU. / Made and Printed in the USA

ÍNDICE

Prólogo 1

ACTA EST FABULA 5

ACTA EST FABULA 9

ANAGAMI 12

ANAGAMI 16

ARTE POÉTICA 21

BETH-EL 24

BIOGRAFÍA LITERARIA 26

CÁNTICO 31

CIRCULARIDAD DE LAS HORAS 34

DE LA NATURALEZA DE LAS COSAS 38

DE LO PINTADO A LO REAL 40

DE LO PINTADO A LO REAL 44

DE LO PINTADO A LO REAL 49

DE LO PINTADO A LO REAL 53

DE LO PINTADO A LO REAL 57

DE SENECTUD 62

DE SENECTUD 65

DE SENECTUD 72

DE SENECTUD 76

DE SENECTUD 80

PRÓLOGO

Una pequeña mancha de tinta

Creo recordar que fue Georg Christoph Lichtenberg quien escribió que los humoristas son algo así como místicos menores. Admirador del gran aforista alemán, poeta prolífico y lector insaciable, a menudo José Kozer tiende a identificar con envidiable humor su vida con la de la lepisma, ese insecto devorador de ropas y papel. Quizás por eso encuentro que buena parte de su escritura poética podría compararse a las irónicas observaciones de un naturalista entregado –aun sabiendo que su trabajo quedará, por principio, disperso e inconcluso– a consignar cada día por escrito los diferentes aspectos de la historia natural de su propia destrucción; un naturalista cuyo fino humor e inclinación metafísica le inclinan a lamentar que "roído por un gástrico / hervidero de lepismas / no pueda escribir en / un libro este paso / ulterior oír unas / chispas". (*Acta est fabula*, esta edición, p. 8)

La escritura de Kozer es, sobre todo la de sus diarios y poemas, borrón y preparación dramática de una muerte que no es limpia, sino somática, espacio donde se confunden, superponen y suceden, humor y mística, escepticismo y fervor. En ella la asunción de cierta imperfección formal es uno de los elementos más importantes, aquel donde se hace más evidente que el poeta pareciera aspirar a la unidad con lo primigenio más allá de los entornos difusos de la vida y el poema. Y esa unidad a la que ese gran escritor que es Kozer aspira con humildad y humor, no quiere excluir nada, no debería excluir nada. Solo así la renuncia, el deshacimiento ulterior, será completo.

La mayoría de los libros de Kozer publicados en los últimos quince años tienden a escenificar varios de los episodios de acercamiento o alejamiento de los grados de una iluminación en la que no se cree del todo, siempre tejiendo y destejiendo formas y perspectivas de apropiación y excreción poética de lo que nosotros (para un budista estas divisiones serían mucho menos estrictas) llamaríamos "lo ideal y lo material". Y esas son las imágenes, las memorias, los sonidos y despojos de un cuerpo cuya corrupción nuestro autor oye crepitar mientras, molino de oración, escribe y escribe. Porque si hasta la más pequeña brizna de hierba será alguna vez Buda encarnado, tal como indican las líneas generales de la doctrina *Mahāyāna*, y si no habrá jamás gestos ni recuerdos suficientemente grandes o pequeños; más aún, si en el fondo la identidad y el pensar son apenas dos aspectos de una misma enfermedad que es movimiento, para Kozer escribir podría muy bien considerarse la búsqueda perenne de un acuerdo entre pensamiento e inmovilidad, entre representación y extinción; acuerdo en el que la duda, la creencia en lo permanente y la importancia atribuida al valor de las normas y los ritos, así como el aprisionamiento al deseo sensual y la mala voluntad, son otras tantas máscaras que esconden el vacío.

Por ello sus poemas son percibidos por él como esos ropajes dejados en desorden, como esa excrecencia corporal, "huella destartalada" que es destello y piltrafa, síntoma inequívoco de que aún no han sido abandonados los nueve grados de ilusión del pensamiento. De eso se trata ese querer estar en todas partes, ese intentar ser, siguiendo el ciclo sin fin de las reencarnaciones, todos y todo, hasta la más completa disgregación. De eso trata esa búsqueda de participación en lo indeterminado, ese encontrar entre los detritus y la luz, entre los acentos furtivos y la retacería sensual del mundo, la serenidad de la espera, el fin del *timor mortis conturbat me* que hace temblar el cuerpo, la escritura. Esa parece ser para José Kozer parte de la felicidad que escribir promete, y en la que cada poema, previsiblemente, fracasa. Porque como toda aseveración es fugitiva, *flatus voci*, pompa en movimiento, el valor espiritual, la efusión insostenible del poema, es apenas la de una música que es mantra, esfera de repetición, reflejo sonoro. Es por eso que "su ambición es una: todo el vocabulario" (*Noción de José Kozer*, 20)[1], y sus palabras "han de registrar todo objeto en su tamaño y confinamiento". (*Legado*, 67)[2]

Una perspectiva semejante convierte a la totalidad de los seres y las cosas menos en su gran familia del éxodo que en retazos, y a la esfera de su escritura en una posibilidad de sí mismo, pero también de nosotros. De ahí surgen esos pliegues, esas formas fugadas, y el placer de la concatenación, porque la quietud y sobriedad buscada en cuerpo y espíritu existen solo en la arquitectura variable del lenguaje, ese desierto de formas en harapos. Entonces el poema en Kozer es música, terca música llena de impurezas, catálogo de irrisorias (por cotidianas) menudencias, o simple evocación de los nombres y lugares soñados:

> ... *Y se*
> *se mecen las horas, los*
> *días se suceden, puedo*
> *estar a la vez en tres*
> *lugares, brisa en Santos*
> *Suárez, vendaval del*

> *Mar del Norte, luz*
> *mojada cielo color*
> *tierra carmelita, y la*
> *cama doble donde*
> *me siento a la tarde*
> *a leer en Hallandale*
>   (*Acta est fabula*, esta edición, pp. 6-7)

Sabemos que su modo de vida, al menos desde su retiro en Hallandale, se parece a la de esos autores orientales que durante años tradujo, un modo de vida en el que se realiza lo que Giorgio Agamben denominó la *figura del testigo*. En él se realiza la imposición de hablar hasta el fin sin otras promesas que la de ser rehén de la rueda de la Historia, del peso irrenunciable de su evidencia humana, y, más aún, la obligación de sostener por la vía de su escritura el peso aniquilador de las imágenes conservadas o imaginadas. La muerte es, para el poeta que día a día trabaja, lo innominado que rodea, el blancor creciente alrededor de una pequeña mancha de tinta que es la obra. Y de esta mancha, *Anagami*.

Michel Mendoza
La Habana, junio y 2017

[1&2]Kozer, José. *No buscan reflejarse*. La Habana, Cuba: Editorial Letras Cubanas, 2001

ACTA EST FABULA

Las calles mojadas, paso que doy surge a mi lado
    izquierdo la sombra de
    un caballo, grupa, ancas,
    y no amanece.

El miedo se ceba en las formas las deshago se
    deshace el miedo: la
    razón me tranquiliza
    lo suficiente como
    para irme a caminar
    por un lugar ideal con
    un libro bajo el brazo
    derecho, aprieto el
    brazo contra mi
    costado no vaya a
    ser que el libro también
    se deshaga: después
    de todo tiene forma,
    lomo, tapa, frontispicio,
    contenido, una dada
    duración, irme: irme
    por sus páginas y
    en un momento
    determinado no sé
    si estoy leyendo o
    caminando, soy bulto
    palpable o párrafo de
    renglón en renglón
    viendo un canal, una
    esclusa, diques y
    maniobras, grúas y

embarcaderos,
estibadores, al fondo
estoy sentado en un
espigón de piedra
concentrado en el
flotador de mi vara
de pescar: acaba de
picar, deje que le
cuente a mi madre
que cogí una caballa
de seis libras, oteros,
majadas, una yegua
baya montada por un
semental, Pasífae
relincha, se abren
los cielos: no temo
los astros en sus
conjunciones, el
carrete rechina,
recojo la pita, el
pez relumbra, mi
madre me da unas
palmadas en los
hombros, me
pellizca un cachete,
hoy tenemos caballa
de almuerzo y no una
sombra. Devuelvo el
libro a su estante, por
la eme novela extranjera,
me quedan doscientas
páginas por leer. Y se
mecen las horas, los
días se suceden, puedo

    estar a la vez en tres
    lugares, brisa en Santos
    Suárez, vendaval del
    Mar del Norte, luz
    mojada cielo color
    tierra carmelita, y la
    cama doble donde
    me siento a la tarde
    a leer en Hallandale:
    mundo destituido,
    temores de momento
    conjurados, papel
    impreso soy, qué
    me turba.

Tras una existencia devorando papel cómo lamentar me
    vaya a roer la lepisma
    (son asuntos naturales)
    sea pasto yo de la polilla,
    no quede letra en pie,
    rasgo impreso, se cierra
    el Libro, cinco letras dos
    sílabas (yo) al tambucho
    de basura: poca pulpa
    mucho árbol, en mi lugar
    mundo vegetal, porvenir
    digital, a lo sumo ser
    recogido por un colegial
    del basurero universal
    de la literatura, verlo
    sentarse a mirar mis
    poemas como silabario
    mi mamá me ama amo
    a mi mamá, soy útil: *look*

at the picture in lesson five. Son de hierro los
árboles, de cera
comestible la pera,
monta tanto un tigre
de papel como la fiera
que se lanza apresa
destaza al gamo, acaba
de amanecer: abro los
ojos, se desvanece la
sombra a mi lado del
caballo, todo contiguo,
así parece, todo
verdadero: sé que a
la tarde estaré de
nuevo leyendo a
William Blake: entre
letras impresas hago
mi papel, poco entiendo,
estoy cada vez más ido,
pena que mientras soy
roído por un gástrico
hervidero de lepismas
no pueda escribir en
un libro este paso
ulterior oír unas
chispas.

ACTA EST FABULA

En lugares cada vez más cercanos estoy
    más lejos.

Aquí sólo corren vientos de Poniente,
    están envejecidos.

Tengo a dos pasos unas lomas peladas llego
    y me encuentro
    en estribaciones
    impracticables
    picachos yak
    mongolias nepales
    intransitados, yurtas:
    cuándo alcanzaré
    el silencio.

El cuerpo, la alimentación, saludarnos y al cruzar
    unas primeras palabras
    por favor Señor que
    sean intrascendentes,
    reír.

Cabalgar en mula a la mujeriega precedido de
    arqueros monjes
    rapados o tonsurados
    de dos en fondo una
    escolta de renos
    seguida de gamos
    cierre un unicornio
    envejecido la comitiva:
    y yo entre mis

    desteñidas prendas
    de vestir, ni manillas
    ni ajorcas, y ella sin
    aderezos ni pendientes,
    pelo blanco, hechos
    un par de güines,
    cantar alabanzas.

A la mesa recorta figurines de una revista de
    modas, yo organizo
    mi colección de
    hierbas mezclo no
    diferencio nada y
    todo tiene su sitio
    en un mismo lugar
    la planta medicinal
    la hierba de
    condimento el
    yerbajo y la pamplina
    la mata silvestre me
    da igual una tisana
    de menta poleo
    menta piperita o
    hierba lombriguera:
    a fin de cuentas son
    palabras.

Y busco y rebusco en las gavetas (dedales)
    (alfileteros) silencio:
    figuras planas.

No haya otras aguas otro modo de respirar
    otra conversación.

Cómo se llama a qué hora en qué consiste
    cómo procede o mejor,
    ¿tiene procedencia?
    Tiene que tener propia
    mula, montarla a la
    mujeriega, sin
    desmontarse proceder
    (mostrar que está por
    encima, atalaya, y el
    campanazo, momento
    sin titubeo, tajante
    abstracción).

Y la risa entre nosotros cunde no somete agua
    que vierto no revierte
    el perol en el fogón
    mano a la hornilla
    (prender): el contenido
    se permuta cuántos
    pasos (labranzas)
    Señor para llegar
    a la boca, ¿habrá
    otra estribación?
    La miro, fulgor la
    ilesa conmoción.

ANAGAMI

Varear

la aceituna que es la época del año, cerrar los ojos
        y a tientas guiado por el
        olor llegar a la almazara,
        comprar a buen precio
        (sin intermediarios) una
        garrafa de aceite de
        oliva virgen ya me veo
        partiendo un trozo de
        pan rebanadas finas
        de tomate: y al rociarlas,
        la alcuza a una altura
        para que no se
        desperdicie una sola
        gota de aceite. Al alféizar
        se vino a posar un mirlo,
        canta, escucho, me
        pongo a cantar, dúo
        a solas que nada ni
        nadie podría repudiar:
        los repudiables son
        ellos, panoplia de
        rameras, pólvora, les
        viro la cara, nada de
        monsergas ni jeremiadas,
        no perder el tiempo ni el
        huelgo vituperando,
        meterme en el cuarto
        (ignorarlos) a leer y
        escribir, incurro en

pocos gastos, no los
necesito (son
insignificantes) vámonos
que somos jóvenes al
campo: todavía no nos
come la hedentina, la
caspa, la alopecia,
sobaquina, arar,
sembrar, recolectar,
el campo es la autarquía,
un Espantapájaros y un
semillero, rédito suficiente,
y ocio. Ser menestral, el
meseguero de la era,
rabadán del rebaño,
peón del alcacel,
monago de la espiga,
y fumar unas hebras
en cachimba de maíz
sentado a horcajadas
sobre una bala de heno.
Se me acerque el manso
a lamer en la palma de
mi mano azúcar refino,
sal del Himalaya. La sal
rosa de los dioses
verdaderos, por irreales
adaptables a toda
humana necesidad.
Me guíen a orillas
donde brilla la china
pelona rozada por el
tiempo inmemorial,
pulida por aguas

frescas, los altos
manantiales donde
se origina la pubertad
del agua antes de su
descenso: agua vestal,
hábito blanco. Y ahí
vista yo ropas
monocordes, se
desplace el ave a
una misma altura
(uniforme) sólo una
dirección, y llegue a
la linde de su sombra
y se pose, donde huele
a descomposición haya
resurrección: no hilvane
más. Nada que regular
ni reparar (tengo de
todo) hubo vísperas,
llegan completas a
maitines, un ligero
desorden de horas
canónicas, es el
momento: terminaron
de varear, las jóvenes
se ponen sus mejores
galas, el bonete con
la larga cinta azul de
metileno, blusa de
encaje, falda larga
a los tobillos, la pido,
pídola, arranca a tocar
un grupo de músicos
de la legua, y sé por

inferencia al empezar
a bailar que estamos
todos

velando.

ANAGAMI

A la salida, no se había movido un ápice del butacón ni
    de la mecedora de la
    terraza, tampoco el
    punto (fijo) que ocupa
    del lado que le
    corresponde (le
    pertenece) en la cama,
    cómo explicar (modo
    lógico) la procesión
    (racional) de los
    miembros que prosiguen
    por propios senderos,
    nueve celestes huestes,
    se escurren las lagartijas
    que aparecen desaparecen,
    latigazos (reía viéndolas
    camuflarse) la enorme
    iguana de los sueños,
    más grande aún su
    sombra: semeja al
    dragón de los chinos,
    y luego, inconcebible,
    ver desfilar uno a uno
    a todos los miembros
    hoy por hoy y todavía
    difuntos de su dispersa
    familia, esos rostros
    madre mía, grutas de
    perforaciones, sin
    contorno: esporas, y
    sin embargo, en lo

óseo y descompuesto,
aves, cierta flora, brisa,
cima, Horeb Turquino
Taishan: y algunos
ahora iguanas y
camaleón, dejaron
atrás el Érebo, muchos
estuvieron en Islas
Afortunadas, quien se
ve a la cabecera estuvo
en la Isla la que flota la
que al corcho comparan,
asimismo Afortunada,
desbaratada ahora y
mañana renada: con
suerte luego ápice y
conato de qué será.
Semilla de mamey
amarillo colorado del
que irá a brotar
(llamémosla)
Reencarnación. La
fotografía que conserva
en la balda vaciada de
libros y tarecos tendrá
unos veinticinco años
de la llamada edad, el
rostro (ése que la tierra
se comerá) inclinado
hacia la novia que en
semanas será (legal)
madre de sus hijos, dos,
y no habrá más (dos y
va que chuta): siempre

supo el significado de
suficiente, la necesidad
(tajante) de saber cortar,
límites imponerse, cumplir
y en general cumplir con
la palabra dada y luego
recriminarse por abrir la
boca, mejor sería no abrir
para nada la boca. El mal
del mundo y los males
propios vienen de abrir
a toda hora y deshora
la boca. Fauces. Ocurrió
lo que ocurrió, se acabó
lo que se daba se acabó.
Bajaron las persianas,
cesó la voz de altura
(cundieron los altavoces,
en su país y en otra época
llamados vitafones) y
empezaron los sigilos,
señales de humo,
recodos, soslayos y
atisbos del rabillo de
los ojos, no se llevó
las llaves como es
tradición entre su
gente, sabía por
experiencia propia
(*anagami*) sumada a
la experiencia histórica
que no hay regreso.
Misterios. Recapitulaba.
A medias recuerdos a

medias sucesos
inventados que se
prestan a ser recontados
casi por haber ocurrido,
a medias idealizaciones
arquetípicas: de perdedores,
por oficio (éste es un
homenaje privado a
otro escritor). Así
considerarla Afortunada
pareja, sonrisa amagada
en la fotografía que quedó
sobre la balda de la
habitación al fondo de
casa (allá). Hoy en su
posesión, ahí la tiene
delante de sus narices,
cómo es real el rictus
de su boca, el ceño
fruncido, el rostro
preocupado de todos
los días, en quién confiar.
Así, no haberse movido
como si él mismo ocupara
la fotografía y fuera ambos
durante media hora en su
lugar de la cama (prueba
fehaciente a la mano,
visible en su cuaderno
de apuntes, al verse
registrado) y así y así
irse quedando dormido
entre lindes, subterfugios
inanes, y la ancestral

noción a la ida de la
salida, la niebla al rato
muestra que no hay
regreso, regreso
confunde tinieblas.

ARTE POÉTICA

Una extensa obra completa se escribe sentado
    en una cama camera.

En caso de vecinos ruidosos combatirlos con
    uno o dos aparatos
    antirruidos, recomiendo
    la marca Kohl (no tengo
    comisión).

Descártese la idea de genialidad, concepto nada
    posmoderno: una obra
    completa se escribe
    sentado o de pie
    (recostado o inclinado
    ante un atril plano)
    recomiendo hacerla
    sentado o recostado
    en cuatro almohadones,
    modelos son Proust,
    Onetti, Nabokov
    (¿me equivoco?)
    Valle-Inclán. Y
    quienquiera escribir
    de pie (Hemingway)
    se cerciore no tener
    pies planos.

Escribano, en marcha, todo está dispuesto para
    emprender una obra
    completa: parte será
    del llamado acervo,

uf, y ja, se verá. Los
requisitos son precisos:
leer mil libros (cada
cinco años) vivir fuerte
en corta juventud,
morigerado (longevo)
el resto del tiempo,
conocer la sintaxis
(desbaratarla) dinero
suficiente (peliagudo
asunto) siendo que
dinero llama a dinero,
si mucho, acapara,
si poco agota (lo
exiguo, como todo
exceso, agobia).
Escabullirse, saber
(tras largo aprendizaje)
plagiar (mentir) (ocultar)
sentado o de pie se
hará obra completa
(preferible sea extensa
y una obra en la que
hay dulce para todos,
sin sabor de muchos,
gusto de pocos):
añádase, vide supra,
tener capacidad de
riesgo. Una salud de
hierro (Hugo, Picasso)
hacer de todo, ser
farolero y farero,
pregón y pregonero,
carne y carnicero,

barro y alfarero, flor
y jarrón, ave mítica
y gorrión, pájaro
agorero (el muy
maricón) y tempranero:
júntese todo y llegar a
temprana edad (Pound)
a hacer caso omiso a
ajenos vituperios, que
hablen mientras uno
escribe, y cuanto hablen
o escriban contra uno,
sea el contraataque
nos entre por un oído
de inmediato salga
por el otro.

BETH-EL

Debatieron un año cómo representar a Dios.

Participaron los mejores pintores del reino,
       sus sabios y poetas, y
       el Hijo del Cielo que
       mantuvo el orden
       mallete en mano
       entre aguerridos
       sicarios.

No hubo acuerdo: se aceptó la idea de Dios
       como un punto no
       visible en el Vacío
       concebible en el
       espacio de un
       jeme entre los
       dedos índice y
       pulgar.

Y asunto concluido: en la última sesión se
       le cedió la palabra
       al público presente,
       uno (listillo) alzó el
       brazo y mostró una
       flor, lo abuchearon,
       aquello era rizar el
       rizo, subterfugio
       demasiado socorrido,
       se oyeron entre
       carcajadas los
       llamados al orden

del Emperador.

Un pintor de brocha gorda, camisa y pantalón,
    delantal y mascarilla
    de lienzo, cubo de
    lechada, brocha y
    rodillo, siguió
    pintando la fachada
    de la antigua fábrica
    de ladrillos, sabios
    y poetas, poetas
    y pintores se
    congregaron a mirarlo,
    cundió un gran silencio
    (esa voz de las Alturas):
    se completaron las
    Actas del Encuentro,
    se escribieron otros
    mil poemas, se
    ejecutaron otros
    cincuenta cuadros,
    se publicaron nuevos
    estudios y manuales
    de teología, y siendo
    ésta una única y
    última ocasión, el
    pintor de brocha
    gorda pidió y cobró
    (demostración de que
    Dios es ubicuo) un
    sobresueldo.

BIOGRAFÍA LITERARIA

Años cuando nevaba recio, el sol hacía silencio, y
      yo bebía como un cosaco
      whiskey irlandés, escocés,
      ginebra, descubría mezcal,
      tomaba *rye* (del que hoy
      nadie sabe nada) vodka
      polaco de papas, vinos
      baratos, mal comía, peor
      vivía con aquella mujer
      que entraba y salía de
      manicomios, esos sitios
      que hoy las mentes
      piadosas por no decir
      melindrosas llaman
      psiquiátricos: escribir
      no escribía, dos veces
      la saqué del apuro de
      la tumba tras cortarse
      las venas, a la segunda
      bastante a fondo
      (pareciera que esta vez
      iba en serio) criaba a una
      niña de dos años, la mal
      vestía, la acostaba a
      dormir temprano luego
      de darle una papilla,
      vaya cocinero que era
      yo: vivimos de arroz
      blanco, zanahoria
      hervida, ensalada de
      lechuga, hamburguesas

de carne de segunda,
carne de hilacha, nos
duchábamos juntos,
y mi hija chapoteaba
y reía, la despiojaba,
me daba congoja verla
reír ay de mí y mi
madre llamaba a la
noche a jeringar con
preguntas, indirectas,
sugerencias de un
bienestar imposible,
nociones capciosas,
peticiones de principio:
a veces le colgaba el
teléfono o la oía con
el auricular a medio
metro del oído, yo
fungía de santo
bebedor, mi madre
de efigie y quimera
curativas, y en el
silencio sin estrellas
ni soles negros ni
fases cuatro de la
luna (vaciada) leía
hasta altas horas de
la madrugada, planes
sistemáticos de lectura,
de estudios, fraguaba:
fraguado el plan lo
alteraba modificándolo
de lleno hasta el
extremo que ya

era otro plan distinto
al concebido, carecía
de todo (el plan y yo)
dinero no tenía: y sin
embargo no nos
faltaba nada, mi hija
y yo después de todo
aquel día habíamos
vuelto a comer, vuelto
al parque donde leía
viéndola jugar con
chiquillos de madres
bohemias (potables)
liberadas hembras de
ligero hedor a sobaquina
(fuese invierno o verano)
hedentina: y alguna caía
en mis redes, viernes y
sábado asegurados,
restorán barato, unos
tragos en Cedar Tavern,
hablar de literatura con
miras a irnos cuanto
antes a la cama, echar
un polvo y separarnos
so pretexto que había
que atender a nuestros
respectivos críos, ir a
trabajar el lunes y corto
etcétera. Ah Browning
(Sordello) por primera
vez, y los poetas
provenzales vía Pound,
mi amistad con Tony

(Towle) padres ricos,
pobre él, pobre yo y
pobre de mí en días
de soles negros y
nevadas recias,
juntos leíamos en
el original y traducciones
de Pound a Arnaut Daniel,
Bertran de Born. Yo era
adepto al amor cortés
(en los libros) a los
amores de Browning
y Elizabeth Barrett, la
loca volvía a ingresar
(Bellevue esta vez)
Hell no we won't go,
yo descubría a Ossian,
una falsificación más:
a Pessoa, otro fingidor,
leía por vez primera a
Eliot, Pound incomprensible,
Villon ah Villon ah Rabelais,
de Corneille a Racine un
solo paso, con otro paso
Molière. En fila india por
una ruta de la seda
venían ya los chinos
en las traducciones de
Rexroth, persas y
japoneses, la Cábala
y la mística germana,
judía, española, invocaba
a mi madre leyendo a
Heine bajo un árbol

florido de lilas blancas
y a mi viejo con sus
cuentos chinos robándole
al pope vecino las verdes
manzanas negras de
Polonia: un día reventé,
cogí a mi hija de la mano
y me largué de aquel piso
cinco (*walk-up*) abrí una
lata de frijoles negros
que mezclé con arroz
que quedó de ayer *où
sont* compré una camisa
blanca de algodón, unos
mecánicos de marca,
medias de algodón,
zapatos de cuero
bueno (negros)
buena factura, leía
a la noche a San
Juan, Reyes y
Crónicas, Proverbios,
oía Su voz veía Su faz
(ya, ya, a lo que llega
la ebriedad) (lo mío
siempre ha sido
mental) y oí por
vez primera música
de Couperin (François)
Machaut (Rose, lis,
printemps, verdure)
una vez más vía
Pound a Janequin.

CÁNTICO

Me proteja Leucótea en mi lecho de muerte, salvó
    a Ulises, impida la
    indignidad de morirme
    naufragando en micción
    incontenible, la garganta
    impedida de esputos,
    moquera de estertores
    me ahoguen: morir
    nimbado quiero, de
    luz crepuscular ceñido,
    un estallido y ser alzado
    por mantos vivos de
    abejas a campos de
    heno, reposar la
    cabeza encima de
    una dormida
    muchedumbre de
    cocuyos a punto de
    despertar.

Manto de la Virgen, sombra de aroma a tomillo tocada
    de céfiros, de brisa
    rociada, luz nocturna,
    luz última, protégeme:
    y protege mi
    animadversión a la
    hora de creer en Dios,
    la continuidad más allá,
    la alegre mecánica de
    ruedas dentadas,
    batanes, molinos de

viento repitiendo una
tras otra la revelación
de la carne en sus
evoluciones a una
Resurrección.

Un manojo de achicoria, una hormiga descendiendo
    al fondo de una cala
    embarrándose de
    polen entre mis
    piernas: cuerpo
    yacente sirva de
    manto donde revuelen
    jugueteando efímeras
    con típulas, una dalia
    roja en mi pezón
    derecho, una hortensia
    blanca equidiste de la
    dalia azul en el pezón
    izquierdo, repose la
    hortensia entre mis
    inflamados testículos,
    gravitación de vejez,
    reparándolos: todo
    respire un momento
    más, y dormite. Una
    canción las pudendas,
    un instrumento de
    cuerdas la respiración,
    el ano percusión,
    encañar en las
    madrigueras más
    oscuras de mis
    vísceras el cereal,

un fruto pobre de la
empobrecida tierra,
unos tubérculos, y
la forma de la
mandrágora en la
yuca. Mis hijas a un
oído, mi mujer al
unísono prendida
del otro, y al golpe
del címbalo, percusión
de crótalos, oiga yo
Leucótea, manto de
la Virgen, ramillete
de tomillo puesto a
secar de una viga,
la voz hueca, y un
motete desfondado,
y muera de golpe
enamorado entre
lentejas de agua
enredado.

CIRCULARIDAD DE LAS HORAS

Ramilletes de acónito, brotes de alhucema, ramas
       secas, gajos todavía
       verdes, helechos,
       gotas artificiales de
       rocío, jardines secos:
       da un paso atrás,
       vuelve, con un ligero
       movimiento de la
       mano la mirada la
       mente arregla un
       gajo a la izquierda,
       paso atrás, media
       vuelta, se aleja,
       ikebana.

Su mujer sentada a su lado le señala la taza de té
       de verbena sobre el
       trípode bajo de
       madera, tetera
       esmaltada (lustrosa)
       de negro, la forma
       varía ante su mirada:
       a veces le recuerda
       a su mujer en el quinto
       mes de embarazo con
       aquella barriga de
       coneja, a veces un
       sampán en medio del
       Yangtsé (se aleja)
       Huang Ho (se acerca)
       y unas doncellas

apoyadas al borde
del barco lo despiden
enarbolando pañuelos
de hierbas: coloca la
taza vacía sobre el
tatami entre sus
piernas, cierra los
ojos, en unos
segundos se esfuman
un rato las imágenes:
flores, rocío, jarrones,
agua de río, té hirviendo
(ceremonial) nacimiento
y Muerte, el paquete
de la reencarnación
se disuelven: se miran,
su mujer recoge, huele
a alhucema, sale al
jardín, se sienta al pie
de la *stupa* de piedra,
abre el libro que dejara
ayer, lee, no piensa: en
la punta del alero vibra
una campanilla, deja el
libro, escucha, algo
surge en su mente
qué será. Lo anula (no
es gato pese a ser katz
no siente curiosidad)
mete el libro en su
jaba de tela, cierra
la puerta al jardín, se
inclina, la besa, apaga.

De un tirón duerme una hora. Despierta (amodorrado)
    se toma una cápsula
    de valeriana, orina y
    se vuelve a quedar
    dormido hasta la
    madrugada. Y
    entonces empieza la
    fiesta, en el gabinete
    del fondo, al lado de
    la habitación trastera,
    enciende la computadora
    (Señor, que los
    macheteros rusos
    no la hayan jaqueado)
    machaca rehaciendo
    un texto que escribiera
    ayer, se interrumpe
    (caray, no le acaban
    de dar el Nobel y ya
    tiene casi ochenta
    años qué diablos
    esperan) surge un
    poema, lo intuye en
    su totalidad, todo un
    rollo de un tipo
    practicando *ikebana*
    bebiendo té de verbena,
    imágenes (palabras)
    disolución: y un jarrón
    (jarrón: no jonrón).
    Dónde hay disolución
    cuando no para de
    escribir otra maca y
    bula de poemas, sabe

que no engaña a nadie,
todo se justifica a la
hora de escribir:
cuestión de ajustar
o descartar lo que
se entromete en la
escritura, adelante,
nada que perder.
Nada que temer. El
reloj de péndulo de
la pared marca la
hora, las seis. Oye
a su mujer trasteando
en el comedor, hora
del hambre, hora de
oír que lo llaman a
comer, apaga, la
besa, el día que
termina comienza,
mastica y traga
mastica y traga,
sampanes y Proust
y pañuelos de hierbas
en una taza.

DE LA NATURALEZA DE LAS COSAS

La inmortalidad de Sócrates es relativa: está
      igual de muerto que
    los demás.

En las cavernas del sentido no hay nada,
      mostradme, os lo
    ruego, el menor
    rastro.

El recorrido de la flecha de Zenón hizo
      diana hacia siglos y
    al primer disparo.

Un error de traducción y el iluminado del
      Radiante Rostro
    que viera la faz
    oyera la voz tiene
    cuernos por Dios
    qué hubo entre
    Seforá y el
    Tartamudo.

Huang Ho Río Amarillo, infestado de algas
      rojas (algas ideológicas)
    de orilla a orilla cientos
    y cientos de kilómetros
    (*li*) en su recorrido.

Y el verde olivo las camisas pardas los
      descamisados las
    camisas negras en

　　　　　aras de quién sabe
　　　　　qué o del gorro frigio
　　　　　y la bandera tricolor
　　　　　de transfusión en
　　　　　transfusión da lo
　　　　　mismo remolacha
　　　　　que sangre.

Sea plana o redonda las naves se despeñan
　　　　　las fauces del abismo
　　　　　trituran, sigue vacío
　　　　　el Abismo.

Vaticinio: en unos siglos (no serán muchos)
　　　　　la Naturaleza habrá
　　　　　tomado posesión de
　　　　　las ciudades brotarán
　　　　　maleza secoyas
　　　　　tiranosaurios la flor
　　　　　antediluviana y uno
　　　　　que otro (otra)
　　　　　Pithecanthropus
　　　　　(medio erecto).

DE LO PINTADO A LO REAL

Y en la alta montaña mental acabé sentado durante
    horas a la espera, y
    mientras veía horas
    volar en las alturas
    inabarcables a un
    halcón hecho de
    círculos concéntricos
    aire enrarecido el ojo
    de su sagacidad
    regido por la
    necesidad (todo ser
    animado tiene a la
    caza que dar alcance
    nada vive del aire)
    halcón a la vista, a
    la espera, yo
    (mental) aguardaba
    el instante de verlo
    lanzarse a la sombra
    hambrienta por igual
    de la liebre. Me libre
    Dios de la muerte.
    Rapado. Quién me iba
    a decir a mí, empedernido
    incrédulo, que acabaría
    rezando, plegarias de
    propia invención del
    rapado a la irredimible
    Rapadora. Y en alta
    montaña mental ver
    llegar en mi nombre

a las tres plañideras
del lugar disfrazadas
de Hilanderas, una
hilo, otra rueca, las
tres arañas. Y siempre
escritura. Su maraña.
Infusión. Comer salmón,
otro día atún, rabirrubia
más tarde. Tres etapas
marcan mis poemas: la
obsesión de la mesa
servida, la presencia
de otra presencia
(no confundo Amada
y Muerte) mente clara
en alta montaña, la
Amada. Josafat lo otro.
¿Qué será de toda la
carne que consumí,
vuelta y vuelta se
hizo carne de mi
carne, adónde va
todo a parar. ¿Al pico
del aura, al buche del
carancho, al estómago
rumiante del buitre que
baja a saciarse en la
peña que consideran
sagrada y que yo,
incrédulo, percibo
como altura
desproporcionada y
deforme de pedruscos
y yerbajos, como yo,

como todos, destinada
a (a qué hablar)? ¿A
qué escribir? Otro
estado mental, papel
rapado, tinta retenida,
y un cuerpo nada
suelto que se
desbanda por día,
corona de espinas
el dolor de pies
(neuropatía: todo
tiene nombre)
palpitaciones,
desequilibrio, sé
a ciencia cierta, no
cuándo, de qué voy
a morir. Ah y ja. Se
fue a su covacha
el halcón, liebre
compartida con las
hormigas, el frío de
la tarde aleja el hedor,
y mañana vuelta a
lo mismo. Madre
implacable naturaleza.
De su fiereza, de sus
albricias, separarme:
y en alta montaña
mental ponerme con
trabajo de pie para ir
a escardar, apuntalar
unas plantas trepadoras,
repartir el abono,
recogerme (empieza

a hacer frío, a mis
años un catarro
puede ser mortal)
la puerta cerrar, la
tranca pasar, cerrojo
doble, quinqué: el
libro de tapa negra
and he asked *Mr.*
Joyce about his
Work in Progress
no answer.

DE LO PINTADO A LO REAL

Queda un espacio reducido entre el dragón a punto
    de aplastar todo intento
    de invención tildándolo
    de imaginario (inútil, por
    ende) y el ave fénix
    de vuelta tras otros
    quinientos años de
    disolución, llamándole
    a la Muerte invención
    de la ceniza, de la Nada
    inventario imaginario,
    veracidad extraviada
    entre las elucubraciones
    mentales del sujeto que
    aparece de repente en
    el espacio reducido (real)
    entre las dos figuras
    alegóricas, los dos
    arquetipos incapaces
    de intercambiar una
    sola palabra, jaranear,
    animarse a entrar en
    una cervecería a
    compartir una caña,
    acabar en la cama,
    reconocerse briagos
    y encandilados por lo
    real entre unas sábanas
    desordenadas, una
    almohada por el piso,
    un zapato bajo la cama,

no hace ruido al ponerse
en marcha porque las
dos figuras se han
puesto a la vez a
roncar: entro. Reconozco
lo reducido del espacio,
la ulterior especiosidad
de todo pensamiento
en movimiento de
momento, su disolución:
y sin embargo intuyo
más presencia
permanente en lo
que ahora, véase, irá
a suceder en un reducido
espacio, las noticias del
día, fragor del mundo
dando órdenes que
rebotan contra una
pared inexistente, un
alto muro vacío, todo
sirve para mostrar la
intrascendencia del
Poder: no existen,
no pasan del estado
larval, incoados
perecieron, tras un
vagido permanecieron
nonatos, plantaron un
pie (bota de caña alta)
sobre un trípode,
chillaron, gesticularon,
cool off, cool off, y se
disolvieron. Entremos.

En el reducido espacio
que tenemos entre el
ave fénix (se corrió
hacia la izquierda) y
el dragón (pasó de un
salto a la derecha) entro,
entré hace un rato,
reconozco que algo
briago, acabo de
compartir una comida
nada mala, precio
módico, en un
restaurante del Soho
(narra Iris Barry) donde
se habló del Aduanero
Rousseau, del jazz, de
un tal Proust (estamos
en 1917) Frith St., May
Sinclair, a veces Yeats
aparecía: Pound siempre,
Lewis, Aldington, Doolittle,
Eliot ("generally silent") un
espacio inabarcable,
dominio, asiento donde
gravita algo que cuenta
(en más de un sentido)
somos, estamos, contamos,
nos abrazamos (abrasamos)
la mosca que merodea
comparte, el cuarto
donde desayunamos
y dormimos está atestado
de domos, caligrafías,
cópulas, jónicas columnas,

mares egeos: entré hace
un momento, me puse a
oír a Britten bajo la batuta
de Simon Rattle (a Sir):
no hay un solo vestigio
de las noticias del día,
crece, decrece la música
de Britten, soy todo oídos
(duro de oído) aquí hay
historia duradera,
cimientos en estamentos
forjando a la mano una
Jerusalén Celeste de
jacinto, crisoberilo,
corindón, de jade el
dragón, de obsidiana
el ave fénix, bruto
pedrusco diamantino
la ceniza, ceniza cabujón:
a éstos correspondo, con
éstos eché mi suerte, no
me retracto, dicho y sin
reticencia me dispongo
a echar el bofe en mi
recta final oyendo a
Britten: The Building
of the House, Quatre
chansons françaises,
jamás perdimos una
guerra. Esta noche
releo Cathay, Flaubert
(*ils sont dans le vrai*) en
reducido espacio entre
el dragón y el ave fénix

(tengo un par de pesos
en el bolsillo) (pocas
necesidades materiales)
rigor tengo y cortesía,
cordial devoción. Y
queda así todo
apuntalado.

DE LO PINTADO A LO REAL

Mi Novia de gasas y tul tiene una trenza blanca que le
    llega a la rabadilla, me
    cuenta a su manera un
    tanto fantasiosa las
    noticias del día, un
    bombazo en Pakistán
    se convierte en fuegos
    de artificio (cohetería)
    para celebrar el Año
    Nuevo chino (ratón):
    la muerte de un soldado
    iraquí en la Asunción de
    María en un cuadro de
    Campins: y luego de una
    hora de oírla, ver temblar
    su gruesa trenza, brillarle
    las pupilas, no distingo
    entre el hecho y la
    transformación. Entiendo
    la dicha del gorrión cuando
    el poeta lo exalta como
    ruiseñor. El ruiseñor Ave
    Roc. Y ésta turmalina. La
    turmalina basamento y
    una ciudad celeste cabaña
    con techo a dos aguas en
    Vermont. En Gokayama
    (pocos saben dónde está).
    Y soy yo quien ahora toma
    la palabra, y siendo como
    soy realista, punto por

punto describo el interior
de lo que pronto será
nuestra final morada.
Todo real. Nada que
imaginar. El suelo de
tierra apisonado, de
las vigas cuelgan
cacharros de cobre,
ristras de cebollas,
fajos de hierbas secas
de condimento, en la
sala se reza en tibetano,
huele la casa a esperma
(de ballena) a cera, el
formol que emite la
hormiga a su paso
en hileras, huele a turba
a marga, olor a ropa
sucia que echan a
lavar. Ya

huele
a
lejía,
el
vapor
que
desprende
una
plancha
embriaga
en
el
cuarto

de
trabajo,
huele
a
almidón
(espliego).

Se nota ahora que están muertos, cómo se nota ahora
    que nada distingue el hecho
    de su transformación. No
    hay nada que oír (oler) ni
    por supuesto que elaborar.
    Todo son historias de los
    descontentos del mundo,
    las historias de siempre,
    mejor tomárselo con
    tranquilidad. Sólo los
    dioses nuevos hablan
    de la Muerte, claro
    negocio que empequeñece
    el hecho, despliega las
    transformaciones. Mi
    Novia pasó de real a
    virtual de mi mano
    hecha a lucubrar
    alteraciones sintácticas,
    rastros caligráficos,
    movimientos geométricos,
    rasgué al final sus tules
    y gasas, la abracé por
    su cintura de avispa, la
    vi alzar vuelo, su trenza
    manchada de polen y
    jalea real: y no distinguía

        si éramos dos, ella yo, y
        yo ella, o si quien
        desovaba éramos dos
        en colmenas separadas
        o quien esto suscribe lo
        suscribe tras

perder
el
asidero.

DE LO PINTADO A LO REAL

El anciano conversa con su cabeza contándole
    mientras ríe a carcajada
    limpia cómo los chiquillos
    de segundo grado en las
    escuelas primarias de
    China cantan en mandarín
    las tablas de multiplicar la
    Oda del día la lista de
    deberes que corresponde
    al buen ciudadano repiten
    en todo el país muertos
    de risa (aplauden al final)
    queremos almorzar lubina
    (hoy) mañana pez gato
    (habrá). El maestro los
    amonesta, no hay que
    salirse del programa, y
    ríe: qué quieren comer
    pasado mañana. Suena
    la campana salen todos
    corriendo. Juegan junto
    al río a las cabrillas,
    discuten sin devanarse
    los sesos el significado
    de la obediencia, grados
    aceptables de
    desobediencia en el
    colegio, la familia, con
    el padre qué miedo con
    la madre cuando chilla
    que no hay que

desperdiciar comida:
discuten en voz baja
la función del Estado,
imperios derrumbados,
y cantan en silencio las
listas de prohibiciones,
estallan a carcajadas
cantando almuerzos
con eperlanos
pejerreyes y vuelta a
la lubina. Chiquillos,
en fin, qué decir: ya
entrarán por el aro,
¿o no son el futuro?
Soldado mercader
pescador funcionario.
Maestro de primaria. Y
se quedan un rato
mirando a las chiquillas
columpiarse en los
improvisados trapecios
que cuelgan de los
árboles a lo largo
del río, se les ve lo
de dentro bajo sus
blancas pantaletas,
cómo será aquello
cuando deje de estar
prohibido, se marchan
cabizbajos. Y cada cual
se pregunta a qué tirarle
chinas pelonas al agua
dulce, perturbar el río,
y viendo cabrillear el

agua la luz del día
   saber qué hay debajo
   de un reflejo.

Y luego el anciano suscita otras narraciones,
conversaciones,
   inquietantes relatos,
   corrientes relaciones,
   y con el paso de las
   horas, las cuatro
   las seis de la tarde
   se va su cabeza
   despoblando.

Boca cerrada, ni una mosca. Ni una mosca (canta el
   anciano) ni una araña.
   Ni una araña no hay
   telaraña, ni tres
   elefantes se
   balanceaban (cantó
   de niño el anciano)
   sobre la tela de una
   araña.

Murió la tarde, se acerca el viejo a su reflejo en la
   ventana, bosteza,
   no hay una estrella,
   satélites ni luna vacía
   o llena, cielo sin
   meteoros, tablas de
   multiplicar contaminadas
   por números imaginarios:
   ya nadie canta las
   devociones, se sabe

de memoria mínimo
veinte Odas, duerme
el anciano a la pata
suelta, jirones de
imágenes superpuestas
aparecen, desaparecen
en los reflejos del sueño:
lo guía a ciegas un
chiquillo, cruzan un
río, en la otra orilla
las escamas sueltas
de un pez volador,
espirales al cielo, tal
vez unas lubinas o un
cardumen de morralla
le dan a entender que
el barco atracó: está
a punto de atracar. El
anciano sonríe, ríe,
despierta o no, nada lo
sobresalta, todo queda
sobreentendido.

DE LO PINTADO A LO REAL

Estamos contentos a qué negarlo nos saludamos
        con una ligera inclinación
        de cabeza, una sonrisa a
        flor de labios, salió el sol
        a su hora, la luna (anoche)
        en su fase (menguante)
        las grosellas madurando
        se ven algo más gruesas
        (jugosas) el grano en los
        campos sigue su curso,
        la fuerza de gravedad
        en su lugar de siempre
        ejerciendo (ejerciendo)
        la greda greda, el venado
        que asoma en la linde
        del bosque, venado.
        Qué más se puede
        pedir. Leguas y leguas
        a la redonda molinos
        de agua y viento, no
        hay pueblo (barbechos)
        mejor avenido que el
        nuestro (el girasol
        promete de nuevo
        este año buenos
        réditos).

Piensa, esta vez muy en serio, comprarle a su mujer
        el anillo de oro blanco
        con el rubí engastado
        en su centro, rojo

cabujón fulgurante,
sorpresa se llevaría,
se verá: no todo está
en sus manos, ¿y si
no sale el sol mañana
o la fuerza de gravedad
se desconcierta y todos
salimos volando por las
esferas, o como mínimo
vuelo rasando por otros
continentes? ¿Y si el
dondiego del cantero
a la entrada no repunta
o peor, va y repunta
estrella de mar? Mejor
esperar. Total, la sortija
la tienen que mandar a
pedir a la metrópoli
(lejana) y luego, cómo
hará su mujer para
volver de aquel lugar,
entre tinieblas. Escarpados.
Lo agreste del ascenso
lo impedirá. Territorio
desconocido por
reciente, mil veces
imaginado sin duda
y sin embargo cómo
será en realidad.
Espelunca que
probable no tiene
salida aunque tuviese
entrada.

Y quiera que no se va amilanando.

Igual que una lepisma se alimenta de nada y revienta
        a la menor presión de
        un dedo así debe
        encontrarse su mujer:
        así le habrá ocurrido
        aquel día, la fuerza de
        gravedad en su sitio,
        el sol asoma, la luna
        se puso blanca, el
        girasol del terreno
        de labranza comenzó
        a girar (imperceptible):
        heliotropismo, así lo
        denominan (¿cierto?)
        por lo tanto murió. Y si
        murió a qué conservar
        aquel costoso anillo de
        novios con el rubí en
        el centro que le obsequió
        riendo, comprometiéndose
        de una vez por todas a
        formalizar la situación:
        en verdad revelaba que
        no había ya marcha
        atrás, tal y como el
        alba al alba no recula
        ni la greda se pretende
        Empíreo o Sexto Cielo
        o territorio infraterrestre
        con mito y todo en un
        orden perfecto: señal
        visible (palpable) que

en todo rige en rigor
el Universo.

Nada desencaminado pensar (no es que de momento
  lo apremie) que se
  puede volver a casar,
  está en condiciones:
  una buena casa, la
  hipoteca media, los
  muebles pagados
  (casi) la despensa
  repleta a pesar de
  ciertos espacios
  vacíos aunque
  demasiado visibles,
  el ánimo todavía
  joven. Se queda a
  ratos adormilado, lo
  cual no está mal.
  Sirve para restaurar
  el cuerpo envejecido,
  matar el tiempo, paliar
  lo ocurrido. Y encima
  ya es hora de reconocer
  que aquel matrimonio
  fue un desastre: su
  muerte solavaya un
  alivio. En el pueblo
  todos lo saben, ¿no
  iba a reconocerlo él?
  Apoya su calenturienta
  frente en el cristal de la
  ventana, comedimiento
  (piensa) y mucho disimulo

(nada de correr riesgos a
su edad) oye las reyertas
de los vecinos, las grescas
de todos los días, se
encoge de hombros,
campos agostados, la
cosecha de aceite de
girasol peligra, el sol
se acerca a su nadir:
momento crucial, nada
trascendental, en altos
ve detenerse una
lagartija al borde de
un cantero (se detienen
la lagartija los girasoles
el sol, ¿y él?): por último
pega el bicharraco un
salto, se pierde en la
maleza, y él se contenta
riéndose boca arriba (los
ojos se le cierran) no
tiene claro si la lagartija
penetra en la maleza o
si a él lo penetra la
maleza del sueño.

DE SENECTUD

Meteorismo, viejo pedorro, gases siderales por
       igual estallan: una
       explosión otra estrella
       envejecida al hoyo, el
       viejo aplaude, Dios es
       grande, no está con su
       meteorismo a solas en
       el Universo.

Sus flatos son su expiración: se reconoce viento,
       céfiro a veces, trompetas
       ligeras de plata, campanillas
       inaudibles, borboteo de las
       fuentes, crascitar de aves,
       un gorjeo que una flauta
       horizontal remeda, arena
       movediza el aparato
       digestivo: su flatulencia
       no humilla, nada más
       humilde que un apretado
       viento, vínculo extremo
       con los interminables
       despliegues del Universo.

Él es gas es constelaciones, vivir es expulsar.

Hace un día radiante sale a caminar: avanza por
       caminos vecinales
       oscurecidas sendas
       se extravía en caminos
       de herradura golpea la

    tierra con la afilada
    contera de su bastón,
    peda: y se abre un
    agujero, *both bang*
    and whimper, o como
    oyera decir a un amigo,
    "no hay nada que
    agradezca más un
    estreñido que un
    buen pedo". Se pierde
    entre torrenteras,
    avalanchas,
    despeñaderos, un
    Iguazú, un Osorno en
    erupción, navega entre
    escollos (ríe) se estrella
    en riscos fantasmagóricos
    que aparecen en alta mar,
    imagina un pedo final de
    Resurrección.

Ángeles terrestres lo alcen y lo sienten (pies al estribo)
    encima de una ventosidad
    ecuestre, la suelte, en
    los espacios, galaxias
    cercanas, dioses paganos
    escuchen un eco circunscrito
    a un esfínter: la aparición de
    un astro de relativa altura,
    caballo esculpido en granito
    deje caer (el que pueda
    ver que vea) una boñiga
    redonda, toque tierra, se
    aplaste (por sí sola) (en

los espacios siderales
no existe el esfuerzo) y
él, pedorro, vea surgir al
desaparecer (descomponerse)
campos de mostaza chicoria
girasol, y aquel jardín aledaño,
esquina a Goicuría con las
rosas amarillas del tamaño
cuajando de hortensias.

DE SENECTUD

De joven hacía el paripé de ser anciano o ser el
    amante enfermo atendido
    por la vestal de turno,
    lentos eran mis
    movimientos mirando
    dispersarse el humo
    de la vestal fumando
    un pito de marihuana
    a su lado (convaleciente):
    y yo alzaba el rostro
    surcado de arrugas,
    encorvaba aún más
    la espalda, o ficticio
    actuaba sentado en
    una (única) butaca
    de la destartalada
    sala (West Fourth) la
    destartalada butaca:
    me consumía la fiebre,
    no eran tercianas sino
    efecto de una herida
    recibida de un balazo
    de arcabuz en un
    costado, había
    interesado un órgano
    vital, el asunto era
    grave, estaba al
    borde de la tumba,
    poco o nada que
    hacer mientras la
    vestal de turno me

atendía dándome la
papilla, limpiando
las comisuras de
mis labios, me
acercaba los
medicamentos
salvíficos, me daba
refriegas con agua
de colonia rebajada,
me afeitaba: me
lavaba los pies
como a un Cristo
magullado que había
que amparar del mal
de la Muerte: herido
durante la Revolución,
en la defensa de Amiens,
de un flechazo el año
cuando se derrumbaron
las torres de Troya:
arietes, fragor, carros
de guerra, muerte y lo
demás era solo muerte
(Lorca) a lo largo de la
Historia: héroe inverso
ahora que había llegado
la provecta edad de
setenta y seis. En
perfecto estado de
salud para mi alegórica
desgracia, mi poética
intimidad, afán de ver
coincidir lo pintado y lo
real. Dar marcha atrás

Agamenón y no tener
que exorcizar a los
dioses sacrificando a
Ifigenia, bien hizo
diablos Clitemnestra
en cargárselo y cargarse
luego a Casandra: dos
saetas, es evidente
fueron lanzadas el día
de mi nacimiento por
Zenón de Elea, una y
otra en contraria
dirección: sé que un
día en plena trayectoria
se juntarían y yo caería
derrumbado en el butacón
de cuero de la sala, esta
vez una sala y un butacón
de medio lujo, nada
destartalados. En su
lugar el destartalado
iba a ser yo. Apendejado.
Viendo las fuerzas en mí
ceder, los ojos empezarse
a enturbiar, la piel llenarse
de manchas y forúnculos
(diviesos) lunares de
sangre, el paso titubear
de la sala al cuarto de
baño, beber sopa implica
tener que orinar cada hora
durante las horas entre
almuerzo y maitines,
noches tambaleándome

medio a oscuras, ir a
mear, regresar a conciliar
el sueño, y tras haberlo
conciliado tenerme que
levantar de nuevo, vejiga
cargada, a echar otra
larga (blanca) meada,
no encontrar el calzoncillo
que dejara colgado dónde
dónde en un punto del
trayecto, en el baño o
debajo del camastro del
cuarto del fondo donde
hace tiempo nadie
duerme: habría que
cegarlo y borrar su
existencia. Por igual
deshacerse del cuerpo,
alma, recuerdos,
experiencias acumuladas,
libros y tarecos, espejos,
zapatos, mudas de ropa
que jamás me pongo,
diablos a qué todo esto.
Quiero decir, a qué toda
esta escritura (toda
escritura) y de cómo
una flecha imaginada
se lanzó el día de mi
nacimiento en dirección
contraria a otra, y ambas
ahora se juntan (cruz) en
una misma inapetencia,
falta de brío, razón de ser,

comienzo de ceguera,
dificultad respiratoria,
dolor de piernas, falta
de equilibrio, y eso
considerando que tengo
una salud de hierro: sordo
como una tapia de un oído,
y de un ojo topo cegato.
En cruz las dos flechas,
corona de espinas sobre
mi cabeza, el joven que
se imaginaba anciano,
el héroe que volvía mal
herido, ya están aquí,
ahora, en esta butaca de
la sala, dos épocas, dos
cuerpos en uno: incapaz
de creer en nada ulterior,
nada sagrado, en forma
ninguna de continuidad,
que haya perpetuidad
del alma, haya alma y
vida ultraterrena y
demás pejigueras, por
favor, a otro con ese
cuento chino. Al traste:
tomo la colación de la
tarde, última y tercera
del día, un trozo de
tarta de nueces
trituradas, taza de
leche de coco hervida,
un pedazo de pan de
teff y tapioca, margarina,

capa fina de mermelada
de arándanos, me lavo:
me acomodo en el lecho
matrimonial, dormito,
despierto, sigo leyendo,
me adormilo, pego un
bastonazo, el aire
hiendo, oigo la refriega
en alto de los dioses
caídos, muerte de
Héctor, vejez de
Príamo besando la
mano de Aquiles, y
comprendo, sé que
comprendo aunque
no sé a ciencia cierta
qué comprendo, y paso,
de sueño (escena) en
sueño (tramoyas) ah
la tarde que estuve en
Aviñón mirando una
protesta campesina y
luego vi una exposición
en el Palacio de los
Papas, un año de
producción de un
Picasso viejo, y yo
de viejo Milton de
un ojo, de un oído
Beethoven, cuan
indeciso decisivo
(siempre es así, y
todo termina de la
misma manera) (al

menos en sus
rasgos generales)
viendo cómo remato,
le doy el toque y
tranco (otro poema).

DE SENECTUD

Se sacia, nonagenario, con una colación de pan
        duro mojado en vino
        rojo de mesa, precio
        asequible, silencio
        medio, lo es porque
        se oye trinar, correr
        agua, golpear una
        calabaza hueca,
        chancletear: correrse
        una cortina, comenzar
        a ceder orín un clavo
        en la pared, morir un
        escarabajo, dividirse
        una lombriz, posarse
        una mariposa y la
        raíz del roble del
        patio hundirse otro
        milímetro en la tierra:
        y la tierra ceder
        espacio.

Abril, vientos de cuaresma, quince días de aguas
        persistentes, quince
        días fabricando un
        juguete de madera,
        parece quimera,
        quizás se perfila
        centauro, podría
        ser un diablillo
        mexicano, un fauno
        o la inverosímil

      abstracción de las
      órdenes celestes,
      el ángel es el peón,
      el querubín el capataz
      y el serafín el favorecido,
      Dios bien sabe que fue
      un error. Está ocupado
      el nonagenario fabricando
      un bastón, punta de hierro,
      fuste retorcido de roble,
      grosor de un jeme (casi)
      asa imaginaria, podría
      ser trono y león rampante
      o potestad y la Balanza:
      la violación de Europa,
      la destitución de Zeus,
      la separación de Apolo
      ante los acontecimientos:
      tres piernas a sus años
      merecen su consideración,
      y toda su concentración.

Todo lo aprovecha, la cola y la ventrecha, la cabeza
      y los ojos, las espinas
      del pescado, la hoja
      de remolacha, el tallo
      de la berza, la hoja
      del rábano, el
      almuerzo de las
      gallinas, la verdolaga
      y diente de león con
      pétalos de rosas
      amarillas, ensalada
      de reyes: quizás de

       reyes destronados,
       no obstante reyes. Y
       vuelve a mojar pan
       seco en vino espeso
       de zona norte, su
       mayor satisfacción
       es hacer gimnasia,
       campos imaginar
       donde sale a
       descabezar flores
       silvestres, amapolas,
       campánulas del
       tamaño de un puño,
       recogerlas: llenar un
       cesto, extraer de sus
       esencias un perfume
       que le sirve para
       esconder el centenario
       olor a muerto que lo
       invade del epitelio a
       la célula empantanada
       en su circulación: su
       respiración todavía
       holgada, ajena a la
       edad, al tiempo, la
       idea de resurrección.

El resto del día lo dedica a mirar una abstracción
       de bandadas que
       regresan en correcta
       formación a pasar la
       noche del otro lado
       del horizonte, punto
       donde se juntan

vertical con
perpendicular para
señalar un final en
que basta con cerrar
los ojos, adoptar la
postura prescrita,
nada esperar: ni
descenso ni asunción,
no proponerse nada
más allá de la noche
en que los peces
están a salvo, las
aves duermen, el
delfín no retoza y él,
presente, moja en
un vino que no es
agua, agua que no
es vino, un corrusco
de pan duro que no
se deshace.

DE SENECTUD

Perdía fuerzas, ganaba en concentración.

Dejó de correr, afirma ahora el pie a cada paso,
      siente alzar (aire) la
      pierna (bajar) el zapato
      (más viejo que Matusalén):
      confirmar el movimiento,
      el pavimento, por el
      rabillo del ojo izquierdo
      ver juguetear unas
      ardillas (grises) a la
      derecha, antes de
      volver (aire) a alzar
      la (otra) pierna, las
      torsiones del tronco
      (ramas) de un árbol
      corpulento (desconoce
      su nombre) utilidad de
      su madera, qué anida
      en su copa o si imagina
      cantos de tordos o
      sinsontes, gorriones
      instalados lejos de su
      trayecto cotidiano: lo
      obligan a imaginar,
      volverse a concentrar
      en el próximo paso, lo
      da, afinca, lo reconoce,
      paso casi de ganso,
      nada más cuenta que
      darlo, ni las ardillas ni

el árbol, un nido que
sea quizás de gorrión,
voz multitudinaria del
sinsonte: sus fuerzas
declinan, aprovecha y
se concentra, media
vuelta, y sin percatarse
está de regreso. Ni
aciertos ni desaciertos
en el camino, sólo
conferir al acto, al
momento, su poder
(de ratificación): qué
más le queda que la
concentración.

En la desbandada de unas aves intuye la caída
de los dioses.

Una mula vieja en un baldío, recuerdo (allá) de
adolescencia, acá no
hay mulas ni nada que
se le parezca, un cielo
tenebroso salido de un
gólgota transcrito por
manos bíblicas que
tiemblan por la edad,
la enfermedad y el
temor que Dios inspira
al someterse a la
Crucifixión. Suficiente,
que sus fuerzas no dan
para más. Una lluvia
seca lo nimba

(sobrecoge) extrañeza
de peces hostigados
que no se inmutan
(¿habrá alcanzado al
menos ese estado?)
el día y la hora una
efigie. Inmutabilidad.
Y no hay más. El
nombre no lo recuerda,
quizás debió anotarlo,
quizás debiera anotarlo
todo en adelante, a sus
años hay que poner las
cosas por escrito o. Y
luego claro está no
olvidar donde pone el
apunte. En todo caso
es un pueblo de montaña,
el punto de mayor
precipitación (lluvia o
nieve) de Japón, casas
de tres pisos, techos
inclinados de paja
apisonada (resistentes
a las inclemencias del
tiempo) quedan
cincuenta familias,
se entienden entre
sí ah si tuviera fuerzas
y veinte años menos la
convencía y se iban
allá: un brasero,
condumios frugales,
una gente sin

recovecos, no se
complican ni se
hacen mala sangre:
no deambulan, con
unos pocos metros
de ancho y alto tienen
más que suficiente,
se le hizo tarde, sea.
Y se queda mirando
en una segunda
vuelta el documental,
sitio ideal, ¿valdrá la
pena volverlo a ver
día a día hasta el
día final?

DE SENECTUD

Desnudo, en la poltrona de cuero, cuatro de la
        madrugada, ventana
        doble, ajimez, espera
        al gallo, los pájaros
        primeros, pertenecen
        a dos especies, no se
        comunican, donde
        canta la calandria el
        ruiseñor no responde,
        se rasca, bosteza (se
        le aguan los ojos)
        aguarda los primeros
        resplandores, atisbos
        del alba.

¿Qué irá a suceder que no haya sucedido día a día
        en los últimos años?
        Se sobreentiende que
        padece de insomnio,
        sus estudios del idioma
        japonés, practicar
        caligrafía, tiro con arco
        fueron un fracaso. Una
        tisana de crisantemo
        con un punto de miel
        de tomillo, una galleta
        dulce, dará todavía
        desnudo una primera
        vuelta por la casa: el
        ajado pantalón carmelita
        de algodón (no usa

calzoncillos hace
bastante tiempo: un
engorro menos) la
camiseta gris oscuro
que de inmediato
suscita unos mismos
pensamientos, Perséfone,
su mamá, las semillas de
granada, seis meses aquí
seis acullá ah si ella
estuviera todavía aquí,
qué decir, otro gallo
cantaría. Qué otro
asidero tuvo a fin de
cuentas y en los
tiempos que corren
al final.

Los negros calcetines gruesos y las zapatillas de
    goma con tacón alto
    para paliar el suplicio
    noche a noche,
    insomnio tras insomnio,
    de los pies. Latigazos.
    Gula del padecimiento
    ensañándose con los
    viejos. Nada más fácil
    que cebarse en los
    débiles, los acabados,
    quienes tienen las
    defensas por los
    suelos, desprotegido
    el cuerpo, escorzo
    vulnerado: postrer

indicio en un espejo.

Primera bandada de tordos y unas tiñosas rondando
la ventana. Da una
segunda vuelta por
casa, adónde habrá
ido a parar el bolígrafo
que se extravió la
semana anterior,
no lo niega, por
ínfima que sea la
pérdida el hecho lo
obsesiona. ¿Tendrán
los bolígrafos su
madriguera? ¿Y de
paso la tinta, la
escritura? Diez
minutos abrochándose
un zapato, inclinar el
cuerpo un infierno,
contempla sus pies
calzados tras el
esfuerzo, alivio,
puede salir a caminar:
no le viene mal el
ejercicio, ventilar el
cuerpo, respirar aire
limpio (sic) alza la
vista, se da cuenta
que llovizna, cielos
encapotados, plúmbeos,
hay lluvias torrenciales
anunciadas, se consterna:
tenerse que quitar los

zapatos quién diría que
en una época llamaran
senembucos a los tacos,
se calza las chancletas
de goma, un calcetín,
no encuentra el otro y
decide, es hora, dar
una vuelta tercera
vencida la luz del día.

Zompopos
El libro es un Zompopo

ANAGAMI
de **José Kozer** se terminó de editar y diagramar en julio 2017, en New Hampshire. Esta edición estuvo al cuidado de Keiselim A. Montás, de **Élitro Editorial del Proyecto Zompopos**.

Élitro Editorial del Proyecto Zompopos
El libro es un Zompopo
(*The Zompopos Project*)
New York – New Hampshire

También de **Élitro Editorial del Proyecto Zompopos**:

Amor de ciudad grande (poemas, 2006)

Allá (diario del transtierro) (poemas, 2012)

Cuando el resto se apaga (poemas, 2013)

Islamabad queda al norte (poemas, 2014)

En sus pupilas una luna a punto de madurar (poemas, 2015)

Como el agua (colección de Haikus) (poemas, 2016)

Like Water (A Haiku Collection) (Poems, 2017)

Hacia Yukahú (poemas, 2017)

Todos disponibles en:
http://editorialzompopos.blogspot.com/

El Proyecto Zompopos: Este proyecto promulga al Zompopo (hormiga corta hojas / atta cephalotes) como un símbolo de cooperación entre los humanos y nuestro medio ambiente, identificando intereses comunes en necesidades, cultura, lenguaje e ideales. Propone un auto-examen de nuestra cotidianidad y una revisión de nuestras formas de consumo para dar nuevos usos a objetos que normalmente desechamos.

The Zompopos Project: This Project champions the Zompopo (leaf cutting ant / atta cephalotes) as a symbol of cooperation amongst humans and our living environment by finding common ground via needs, culture, language and ideals. It proposes a look at our daily lives and a revision of our modes of consumption in order to find uses for objects we would normally discard.

AéKGoAzMeIrJoAsNéAGKAoMzIerAoNsAéKGoAzMeI
AéKGoAzMeIrJoAsNéAGKAoMzIerAoNsAéKGoAzMeI
AéKGoAzMeIrJoAsNéAGKAoMzIerAoNsAéKGoAzMeI
AéKGoAzMeIrJoAsNéAGKAoMzIerAoNsAéKGoAzMeI
AéKGoAzMeIrJoAsNéAGKAoMzIerAoNsAéKGoAzMeI
AéKGoAzMeIrJoAsNéAGKAoMzIerAoNsAéKGoAzMeI
AéKGoAzMeIrJoAsNéAGKAoMzIerAoNsAéKGoAzMeI
AéKGoAzMeIrJoAsNéAGKAoMzIerAoNsAéKGoAzMeI
AéKGoAzMeIrJoAsNéAGKAoMzIerAoNsAéKGoAzMeI
AéKGoAzMeIrJoAsNéAGKAoMzIerAoNsAéKGoAzMeI
AéKGoAzMeIrJoAsNéAGKAoMzIerAoNsAéKGoAzMeI
AéKGoAzMeIrJoAsNéAGKAoMzIerAoNsAéKGoAzMeI
AéKGoAzMeIrJoAsNéAGKAoMzIerAoNsAéKGoAzMeI
AéKGoAzMeIrJoAsNéAGKAoMzIerAoNsAéKGoAzMeI
AéKGoAzMeIrJoAsNéAGKAoMzIerAoNsAéKGoAzMeI
AéKGoAzMeIrJoAsNéAGKAoMzIerAoNsAéKGoAzMeI
AéKGoAzMeIrJoAsNéAGKAoMzIerAoNsAéKGoAzMeI
AéKGoAzMeIrJoAsNéAGKAoMzIerAoNsAéKGoAzMeI
AéKGoAzMeIrJoAsNéAGKAoMzIerAoNsAéKGoAzMeI
AéKGoAzMeIrJoAsNéAGKAoMzIerAoNsAéKGoAzMeI
AéKGoAzMeIrJoAsNéAGKAoMzIerAoNsAéKGoAzMeI
AéKGoAzMeIrJoAsNéAGKAoMzIerAoNsAéKGoAzMeI
AéKGoAzMeIrJoAsNéAGKAoMzIerAoNsAéKGoAzMeI
AéKGoAzMeIrJoAsNéAGKAoMzIerAoNsAéKGoAzMeI
AéKGoAzMeIrJoAsNéAGKAoMzIerAoNsAéKGoAzMeI
AéKGoAzMeIrJoAsNéAGKAoMzIerAoNsAéKGoAzMeI
AéKGoAzMeIrJoAsNéAGKAoMzIerAoNsAéKGoAzMeI
AéKGoAzMeIrJoAsNéAGKAoMzIerAoNsAéKGoAzMeI
AéKGoAzMeIrJoAsNéAGKAoMzIerAoNsAéKGoAzMeI
AéKGoAzMeIrJoAsNéAGKAoMzIerAoNsAéKGoAzMeI
AéKGoAzMeIrJoAsNéAGKAoMzIerAoNsAéKGoAzMeI
AéKGoAzMeIrJoAsNéAGKAoMzIerAoNsAéKGoAzMeI
AéKGoAzMeIrJoAsNéAGKAoMzIerAoNsAéKGoAzMeI
AéKGoAzMeIrJoAsNéAGKAoMzIerAoNsAéKGoAzMeI
AéKGoAzMeIrJoAsNéAGKAoMzIerAoNsAéKGoAzMeI
AéKGoAzMeIrJoAsNéAGKAoMzIerAoNsAéKGoAzMeI
AéKGoAzMeIrJoAsNéAGKAoMzIerAoNsAéKGoAzMeI
AéKGoAzMeIrJoAsNéAGKAoMzIerAoNsAéKGoAzMeI
AéKGoAzMeIrJoAsNéAGKAoMzIerAoNsAéKGoAzMeI
AéKGoAzMeIrJoAsNéAGKAoMzIerAoNsAéKGoAzMeI
AéKGoAzMeIrJoAsNéAGKAoMzIerAoNsAéKGoAzMeI
AéKGoAzMeIrJoAsNéAGKAoMzIerAoNsAéKGoAzMeI
AéKGoAzMeIrJoAsNéAGKAoMzIerAoNsAéKGoAzMeI
AéKGoAzMeIrJoAsNéAGKAoMzIerAoNsAéKGoAzMeI

JoAsNéAGKAoMzIerAoNsAéKGoAzMeIrJoAsNéAGKA
JoAsNéAGKAoMzIerAoNsAéKGoAzMeIrJoAsNéAGKA
JoAsNéAGKAoMzIerAoNsAéKGoAzMeIrJoAsNéAGKA
JoAsNéAGKAoMzIerAoNsAéKGoAzMeIrJoAsNéAGKA
JoAsNéAGKAoMzIerAoNsAéKGoAzMeIrJoAsNéAGKA
JoAsNéAGKAoMzIerAoNsAéKGoAzMeIrJoAsNéAGKA
JoAsNéAGKAoMzIerAoNsAéKGoAzMeIrJoAsNéAGKA
JoAsNéAGKAoMzIerAoNsAéKGoAzMeIrJoAsNéAGKA
JoAsNéAGKAoMzIerAoNsAéKGoAzMeIrJoAsNéAGKA
JoAsNéAGKAoMzIerAoNsAéKGoAzMeIrJoAsNéAGKA
JoAsNéAGKAoMzIerAoNsAéKGoAzMeIrJoAsNéAGKA
JoAsNéAGKAoMzIerAoNsAéKGoAzMeIrJoAsNéAGKA
JoAsNéAGKAoMzIerAoNsAéKGoAzMeIrJoAsNéAGKA
JoAsNéAGKAoMzIerAoNsAéKGoAzMeIrJoAsNéAGKA
JoAsNéAGKAoMzIerAoNsAéKGoAzMeIrJoAsNéAGKA
JoAsNéAGKAoMzIerAoNsAéKGoAzMeIrJoAsNéAGKA
JoAsNéAGKAoMzIerAoNsAéKGoAzMeIrJoAsNéAGKA
JoAsNéAGKAoMzIerAoNsAéKGoAzMeIrJoAsNéAGKA
JoAsNéAGKAoMzIerAoNsAéKGoAzMeIrJoAsNéAGKA
JoAsNéAGKAoMzIerAoNsAéKGoAzMeIrJoAsNéAGKA
JoAsNéAGKAoMzIerAoNsAéKGoAzMeIrJoAsNéAGKA
JoAsNéAGKAoMzIerAoNsAéKGoAzMeIrJoAsNéAGKA
JoAsNéAGKAoMzIerAoNsAéKGoAzMeIrJoAsNéAGKA
JoAsNéAGKAoMzIerAoNsAéKGoAzMeIrJoAsNéAGKA
JoAsNéAGKAoMzIerAoNsAéKGoAzMeIrJoAsNéAGKA
JoAsNéAGKAoMzIerAoNsAéKGoAzMeIrJoAsNéAGKA
JoAsNéAGKAoMzIerAoNsAéKGoAzMeIrJoAsNéAGKA
JoAsNéAGKAoMzIerAoNsAéKGoAzMeIrJoAsNéAGKA
JoAsNéAGKAoMzIerAoNsAéKGoAzMeIrJoAsNéAGKA
JoAsNéAGKAoMzIerAoNsAéKGoAzMeIrJoAsNéAGKA
JoAsNéAGKAoMzIerAoNsAéKGoAzMeIrJoAsNéAGKA
JoAsNéAGKAoMzIerAoNsAéKGoAzMeIrJoAsNéAGKA
JoAsNéAGKAoMzIerAoNsAéKGoAzMeIrJoAsNéAGKA
JoAsNéAGKAoMzIerAoNsAéKGoAzMeIrJoAsNéAGKA
JoAsNéAGKAoMzIerAoNsAéKGoAzMeIrJoAsNéAGKA
JoAsNéAGKAoMzIerAoNsAéKGoAzMeIrJoAsNéAGKA
JoAsNéAGKAoMzIerAoNsAéKGoAzMeIrJoAsNéAGKA
JoAsNéAGKAoMzIerAoNsAéKGoAzMeIrJoAsNéAGKA
JoAsNéAGKAoMzIerAoNsAéKGoAzMeIrJoAsNéAGKA
JoAsNéAGKAoMzIerAoNsAéKGoAzMeIrJoAsNéAGKA
JoAsNéAGKAoMzIerAoNsAéKGoAzMeIrJoAsNéAGKA
JoAsNéAGKAoMzIerAoNsAéKGoAzMeIrJoAsNéAGKA
JoAsNéAGKAoMzIerAoNsAéKGoAzMeIrJoAsNéAGKA
JoAsNéAGKAoMzIerAoNsAéKGoAzMeIrJoAsNéAGKA
JoAsNéAGKAoMzIerAoNsAéKGoAzMeIrJoAsNéAGKA

www.ingramcontent.com/pod-product-compliance
Lightning Source LLC
Chambersburg PA
CBHW030603020526
44112CB00048B/1207